0〜3歳
木育おもちゃで安心子育て

東京おもちゃ美術館
多田千尋

黎明書房

はじめに

木のおもちゃは子どもの五感と響き合う

　子どもが一番心地よく感じる素材は人の肌です。赤ちゃんの頬や手足などをなでてあげる遊びでは、赤ちゃん自身も喜びますが、なでる大人のほうも心地よさを感じます。

　二番目の素材は、木ではないかと言われています。肌ほどではないのですが、人にぬくもりや心地よさ、安心感を与えます。

　木は製品になっても、含まれる水分の量が気候に合わせて変化し、人の肌に近い存在と言われたりします。そのような木でつくられるおもちゃで遊ぶ時、子どもにも大人にも、適度な心地よさを与えることになるでしょう。

　木のおもちゃが与える心地よさとは、人の五感と響き合うものです。赤ちゃんが振るガラガラの音や積木を重ねる音などは耳に心地よく響きます。目にやさしいナチュラルな色、手で感じるぬくもりやシンプルなフォルム、癒される香りなど、木のおもちゃは遊ぶ人を静かに刺激します。何でもなめて遊ぶ赤ちゃんならば舌でも感じています。それらは木が一方的に刺激しているというより

も，人が関わることで感じられることです。

木は子どもの健やかな成長をうながすという「木育」の観点から

　遊びは子どもの成長発達に必要なものですから，三度の食事で摂る栄養のように，遊びの栄養も何でどのように摂るのかきちんと考えなければいけません。おもちゃは，食品の安全に気を遣うように，安心な素材であること，一方的に遊ばされるのではなく子どもからも関わりながら試しながら遊べることが大切だと考えます。

　木のおもちゃは，複雑な機構が組み入れにくい分，シンプルです。子どもからの関わりが高まらなければ楽しめないものが多いです。イマジネーションを膨らませながら，自分の手と頭を使って遊びをつくり，組み上げていくことも必要とします。誤飲の心配がある赤ちゃんには避けたいおもちゃもありますが，おもちゃの対象年齢の幅は広いです。

　安全な木の素材でつくられた子どもの成長発達を応援する「木育おもちゃ」で，子どもたちが安心感に包まれて，じっくりと遊べる環境を整えることをみんなで目指していかなければならないと考えています。

一般的な「木育」とは……

　「木育」とは，北海道で生まれた言葉で，木に対する親しみや木の文化への理解を深めるために，木材のよさやその利用の意義を学ぶものです。

　森林面積の広い日本なのに，国産の木材の利用が少ないのが現状です。森林は放っておくと荒れて，人間に必要な酸素をつくり出す力が衰えたり，土砂崩れや洪水の原因になります。二酸化炭素削減を地球全体で取り組まなければならない今，間伐材の利用の大切さ，日本の木に親しむ大切さを呼びかける声が広まっています。

　その１つとしての，幼い子どもたちが木で育つ，幼い子どもたちを木で育てるという意味の「木育」は，日本の木からつくられたおもちゃで遊ぶことから始まるのではないでしょうか。

　幸いにも，北海道から九州までの多県にわたり，日本の木でおもちゃをつくっているメーカー，デザイナー，職人が多数います。素材にこだわり，子どもの成長発達や遊びを見つめて，華美な装飾のないシンプルなおもちゃをつくっています。ぜひ，多くのかたに知っていただきたいと願っています。

　　　　　　　　東京おもちゃ美術館館長　　多田千尋

もくじ

はじめに 1

🌱 耳をすまして聞く木育おもちゃ 🌱

① 赤ちゃんが初めて出合うおもちゃの音って？ 8
② いろいろな音色を楽しみましょう 10
③ 振ったり転がしたりして遊びます 12
④ ゆっくり動くオルゴールを 14
⑤ 心地よい鈴の音色のものを選びます 16
⑥ 鳴らしたり，踊ったり，おもちゃでリズム遊び 18
　コラム　なめても安心なおもちゃであるために 20

🌱 動きや音に誘われて手を伸ばす木育おもちゃ 🌱

⑦ 大好きなイナイイナイバア遊び 22
⑧ 見つめていられるゆっくりな動き 24
⑨ おもちゃの動きに誘われて遊びも活発に 26
⑩ 音につられて集中するおもしろさ 28
⑪ 動かすだけで音楽を奏(かな)でる車 30
⑫ おもちゃを見つめる科学の目 32

コラム　乳幼児の発達（0〜3歳）　34

伸び伸びした動きをうながす木育おもちゃ

⑬　手や腕の動きを広げます　36

⑭　お風呂に入っても続く赤ちゃんの遊び　38

⑮　よちよち歩きを楽しくするおもちゃ　40

⑯　積木遊びは崩し遊びから始まります　42

⑰　目標に向かって投げる手や腕のコントロール力　44

⑱　両手を交互に動かして遊ぶ昇り降りおもちゃ　46

コラム　おもちゃの片付け　48

手先を器用にする木育おもちゃ

⑲　何回もねらって入れるくり返し遊び　50

⑳　道具を使う楽しさを味わいます　52

㉑　子どもの手になじむ木製のひも通し　54

㉒　大きさの順序を認識します　56

㉓　指先の速（すみ）やかな動きと集中力　58

㉔　物をやさしく扱える子に育ってほしい　60

コラム　中高生にも木育おもちゃ　62

言葉が生まれる木育おもちゃ

- ㉕ なめて遊びながら認識していく　64
- ㉖ リズミカルな言葉をかけましょう　66
- ㉗ やりとりが楽しい電話ごっこ　68
- ㉘ オルゴールは大人と一緒に聞きましょう　70
- ㉙ 言葉で表せなくても，お話が広がっていきます　72
- コラム　おもちゃによく使われている木材の特徴　74

ごっこ遊びで世界を広げる木育おもちゃ

- ㉚ 揺れる感覚はいつまでも変わらない子どもの楽しみ　76
- ㉛ 乗る楽しさは格別です　78
- ㉜ ハイハイを誘い，ごっこ遊びにも使える木の車　80
- ㉝ 絵本や大人をまねて，物語を楽しむ組木パズル　82
- ㉞ 音に誘われてくり返し遊び　84

- 日本の木のおもちゃ作家たち　86
- 木育推進の動き　88
- 木育推進施設　91

耳をすまして聞く
木育おもちゃ

音は世界を知る
最初の手がかりです。
心地よい響きのある
木のおもちゃを
選んであげましょう。

1 赤ちゃんが初めて出合うおもちゃの音って？

やさしい心地よい音には安心し，やかましい大きな音にはびっくりしてしまいます。

赤ちゃんの耳に心地よい音，それは静かな響き，お母さんがやさしく語りかけるような音です。

大人がガラガラを振り，声をかけて遊ぶことは，子どもに安心感を与え，とてもよいコミュニケーションになります。

横に振ると耳が左右に動きます

おすすめ木育おもちゃ

芽ばえシリーズ
がらがら Usagi（ウサギ）
木種：ブナ

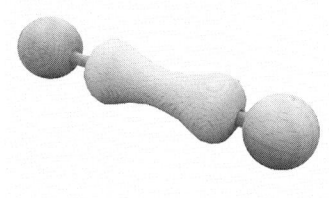

芽ばえシリーズ
がらがら Tama（タマ）
木種：ブナ

選び方

静かな部屋でないと聞こえないくらいの，木と木がカチカチと当たる音が心地よいでしょう。

また，赤ちゃんが握（にぎ）りやすい大きさや適度な重み，感触のよい木種（もくしゅ）を選びましょう。

遊び方

初めのうちは大人が話しかけながらゆっくり振ります。

目で追えるようになったら，ガラガラを振りながら移動させて見せます。

手に持てるようになったら，木の感触も楽しませます。

2 いろいろな音色を楽しみましょう

　乳児期に聴覚は目覚しく発達します。いろいろな音を聞き分けながら,自分の周りの世界を認識していきます。

　なるべくたくさんの音色を聞かせることは,聴覚の基礎をつくるのにとても大切なことです。

　赤ちゃんは音のするおもちゃで遊んでいる時,じょじょに,意図的に鳴らし方を変化させて楽しみます。

おすすめ木育おもちゃ

ぴっころぽっころ
木種：メープル，ウォルナット

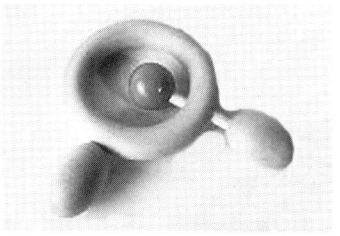

あとる
木種：メープル

選び方

大人が聞いて不愉快な音は赤ちゃんも好みません。

ガラガラなどは，手加減を知らない赤ちゃんが強く振っても，うるさくない音のものを選びましょう。

遊び方

基本的には赤ちゃんが自由に動かし，音が鳴るのを楽しみます。

上手に鳴らせた時にはほめ，乱暴に扱った時にはやさしく叱るというように，鳴らす加減を知らせることも大切です。

3 振ったり転がしたりして遊びます

両手でつかむ，片手で握(にぎ)って振る，手から放して転がすなど遊び方が広がります。

　おすわりがしっかりできる頃には，握って振るだけでなく，一度つかんだものを手から放して，投げたり，転がしたりして遊ぶ段階へと移っていくことでしょう。

動きに誘われて追いかけようとします

耳をすまして聞く木育おもちゃ

おすすめ木育おもちゃ

クルミ・コロコロ
木種：ニレ，ミズキ

選び方

中身に触れたり，取り出したくて，指を隙間(すきま)に入れたり，かじってみたりしますから，丈夫な構造であることが大切です。振ったり，転がしたりした時に響く音や，見た目の美しさもじっくりと吟味(ぎんみ)しましょう。

遊び方

ハイハイの頃には，目の前に転がしてあげると，一生懸命(けんめい)にそれを追いかけようとするでしょう。

おすわりの頃には，転がしたら大人が返してあげるやりとりなど，変化をつけて楽しみます。

4 ゆっくり動くオルゴールを

音楽を奏（かな）でながらゆっくり動くオルゴールは，赤ちゃんの興味をそそり，耳と目を集中させます。

ゼンマイがもどってゆっくり動くかたつむりを，音楽を聞きながらじっと見つめます。

少し大きくなったら，ひもを引っ張ることで音が出ることを，言葉をそえて教えてあげましょう。

おすすめ木育おもちゃ

カタツムリの
オルゴール
木種：ブナ

与え方

ねんねの頃の赤ちゃんにも，そばにおいて見せてあげることができます。おやすみ前にいつも聞くようにすると，一種の入眠儀式になり，生活習慣をしつける役をかってくれるでしょう。

遊び方

大人が引っ張って音を鳴らしてあげましょう。

自分で鳴らせるようになったら，ひもの先を持ってお散歩することもできます。

「かたつむりはゆっくりお散歩するのね」などと言葉をかけ，遊びを導きます。

5 心地よい鈴の音色の ものを選びます

鈴は音色によって,子どもの心を落ち着かせたり,リズム遊びや歌を誘うでしょう。

転がすと鈴が鳴ります

おもちゃに使用される鈴は主に金属製ですが,おもちゃの素材や形状の違いによって音色が異なります。

その他に,木製,陶製やガラス製などの鈴の音も聞かせてあげたいものです。

おすすめ木育おもちゃ

おにぎリンリン
木種：ヨーロピアンビーチ，
ブラックウォルナット

き・の・こ
木種：ビーチ，ウォルナット

選び方

おもちゃをなめたり，口に入れる時期の赤ちゃんのおもちゃは，本体の素材や塗料はもちろんのこと，鈴の形状，大きさ，取りつけ方などの安全性に注意しましょう。

与え方

鈴には穴や隙間(すきま)が開いていますから，ほこりや唾(つば)もたまりやすいです。

時々点検して，清潔な状態を保つようにしましょう。

耳をすまして聞く木育おもちゃ

6 鳴らしたり、踊ったり、おもちゃでリズム遊び

大人もリズミカルにおもちゃを鳴らしながら、歌ったり、身体を動かして、子どもと遊びましょう。

おすわりができ、手が自由になると、身近にあるものをたたいたりして音を出して遊びます。

心地よい音色でリズム遊びが体験できるように留意してあげましょう。

動物の輪郭でスリットが入っていてたたく場所で音の高さが違います

おすすめ木育おもちゃ

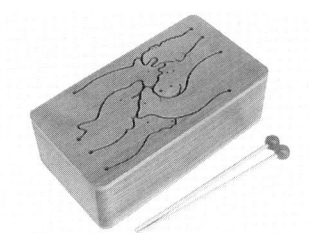
動物ドラム
木種：ブナ，ニレ

くるりん
木種：パイン，チェリー，メープル，ビーチ

与え方

棒状のものを持ったまま転ぶと危険です。

しっかりと歩けるようになっても，足元の整理や，すわって演奏するなどの安全確保を心がけましょう。

遊び方

ねんねの頃には，大人がひざに抱っこして，一緒に身体を揺らしながら，リズミカルな音を聞かせてあげましょう。

子どもが自分で鳴らす頃には，鳴らす加減やリズムを意識できるように，大人が見本を見せてあげましょう。

コラム

 なめても安心なおもちゃであるために

　本物の木でつくられているおもちゃだから，赤ちゃんがなめても安全とは言えないことがあります。

　日本の木のおもちゃ作家たちは，白木のままでおもちゃをつくっていたり，汚れ防止のための油を塗布する場合にも自然素材にこだわっているのですが，そうでないおもちゃが流通している危険性があります。

　使い手としては，信頼できるつくり手のものを購入する自衛策が必要でしょう。

　また，日本は湿度が高くなる時期などにカビが発生する恐れがありますので，から拭きや風通しのよいところに並べて置くといった配慮も忘れないようにしましょう。

　そして，身近な樹木の中には，表皮に触れたり，口にすると中毒を起こす危険があるものもあります。

　もちろん，市販のおもちゃはそれらを素材にしませんが，自分でおもちゃをつくる際には，よく調べてから使うとよいでしょう。

動きや音に誘われて手を伸ばす木育おもちゃ

心地よい音がするおもちゃや
動きを目でしっかり追うことのできる
おもちゃは，
子どもの好奇心を
適度に刺激します。

7 大好きな イナイイナイバア遊び

顔が見え隠れするおもしろさは，赤ちゃんの心をとらえて放しません。くり返し遊びを楽しみましょう。

赤ちゃんの遊びの定番「イナイイナイバア」には，待つ間の期待感と，"やっぱり出た！"という安心感・満足感などたくさんの遊びの要素が詰まっています。

親以外の大人と遊ぶ際にも楽しみやすいです。

棒を上下左右に動かしたり，回したりします

おすすめ木育おもちゃ

イナイ・イナイ・バア
木種：ニレ，ミズキ

イヤイヤ
木種：ナラ，ミズキ

与え方

「イナイイナイバア」遊びは，おもちゃがなくても遊べますが，木のぬくもりを感じられるおもちゃで遊びに変化をつけましょう。

遊び方

イナイイナイと顔を隠す方法を変化させて楽しみましょう。隠す時間や場所だけでなく，「イナイイナイ……」と言う声も変化させます。

また，人形の顔を振って見づらくしておいて，バアと止めるというのも楽しいです。

動きや音に誘われて手を伸ばす木育おもちゃ

8 見つめていられる ゆっくりな動き

動くものを目で追えるようになったら，ゆっくり動くおもちゃを見せてあげましょう。

じっと動きを見つめるようになってきても，まだまだ赤ちゃんの視力は未熟で，視界も狭いです。

おもちゃを置く位置や，おもちゃの動く速さに留意して見せてあげましょう。

集中力，探究心を育てる第一歩です。

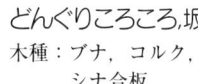

どんぐりころころ,坂
木種：ブナ，コルク，
　　　シナ合板

動きや音に誘われて手を伸ばす木育おもちゃ

選び方

　心地よい音がするとともに動くおもちゃであると，子どもの関心が高まります。

　また，おもちゃそのものの形や色，デザインは，赤ちゃんがとらえやすいシンプルなものがよいでしょう。

遊び方

　じっと見つめている時間は，1人で集中している時間です。

　声をかけずに一緒にながめることも必要でしょう。

　また，くり返し遊びが大好きな頃は，ひとしきり飽きるまで遊ばせてあげましょう。

9 おもちゃの動きに誘われて遊びも活発に

単純なアクションで動くおもちゃは子どもにも扱いやすく，じょじょに力加減を覚えていきます。

まずは，大人が全体の動きが分かるようにやってみせてあげましょう。

何度もやって見せてあげることでイメージができ，自分でもやってみたいという欲求につながります。

おすすめ木育おもちゃ

くまゴロン
木種：ヨーロピアンビーチ，ブラックウォルナット，コクタン，ナラ

よっこらゾウ
木種：ヨーロピアンビーチ，ブラックウォルナット，コクタン，ナラ

与え方

子どもに親しみやすい動物が，おすわりしたり，転んだりする様子を見せながら，「まねしてゴロンとできるかしら」などと動きを誘ってあげるのもよいですね。

遊び方

お話遊びもできます

軽く前に押して台から落ちると，でんぐり返しをします。

タイミングによっては，おすわりしたり，寝転がったりもします。

人形としてお話遊びにも使いましょう。

動きや音に誘われて手を伸ばす木育おもちゃ

10 音につられて集中するおもしろさ

カタカタと落ちる動作を見ることで，目の発達をうながし，注意力・集中力を養います。

　一番上に人形をセットするだけですが，人形の単純な形と独特な動きはくり返し遊んでも飽きません。
　耳と目と気持ちを集中させて遊ぶことによって，時間の感覚を自然に理解していきます。

心地よい音とともに，左右に揺れながら，人形が落ちていきます

おすすめ木育おもちゃ

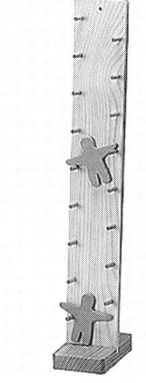

カタコト
木種：スプルス，ブナ

与え方

左右に揺れながら動く人形が，無事に下り着くことでホッと安心し，満足します。

「さあ，一番上にのせましたよ」「どんなことが起きるかな」とゆっくり話しかけながら遊びましょう。

遊び方

おすわりできる頃には，大人が手助けをしながら，子どもに自分でやらせてあげましょう。

初めはうまくいかなくてもすぐできるようになります。また，人形の頭・手・足などの身体の部位もじょじょに教えましょう。

11 動かすだけで音楽を奏(かな)でる車

自分の手で動かすと、メロディが聞こえるので、赤ちゃんはとても喜びます。

　美しい音は、赤ちゃんにとってワクワクするような不思議な魅力を持っています。

　受け身で聞くだけでなく、自分で動かして聞くことができるので夢中になります。

おすすめ木育おもちゃ

メロディーカー
木種：ブナ

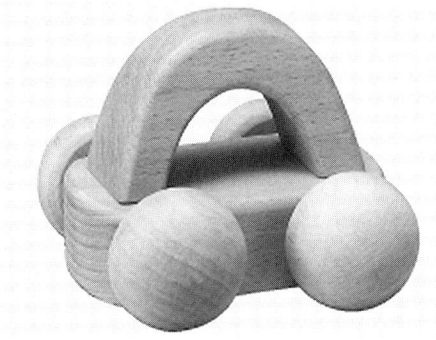

動きや音に誘われて手を伸ばす木育おもちゃ

与え方

遊ぶ時は，テレビやCDなどの音を消して静かなところで遊びましょう。

遊び方

自分で持てない時期は，大人が動かしてあげましょう。

メロディが落ち着いて聞けるように，ゆっくり動かします。

1人で遊べるようになっても，うまく鳴らせたらほめるなど，声をかけて一緒に楽しみましょう。

前へ動かしても，
後ろへ動かしても
鳴ります

12 おもちゃを見つめる科学の目

おもちゃの不思議な動きの仕組みを知ろうと，好奇心いっぱいの目で見つめます。

　時には，大人が真剣におもちゃで遊んでいる姿を見せましょう。

　ものによっては「もう少し大きくなったらね」とすぐに手を出せないおもちゃがあることを知らせると，子どもの好奇心がさらに刺激されます。

シャクトリムシのように進みます

おすすめ木育おもちゃ

のびるんちぢむん1
木種：ブナ，ヤマザクラ

のびるんちぢむん2
木種：ブナ，ヤマザクラ

与え方

　動きを見て楽しむおもちゃですが，年齢や興味の度合いによって視点が異なります。動く仕組みに注目したら，子ども自身が納得するまで遊ばせてあげましょう。

遊び方

　大人が話しかけながらゆっくり動かし，動く仕組みに注目させます。きれいな曲線のフォルムは不思議な動きで進みます。

　坂道をつくって走るところを見せてもおもしろいでしょう。

コラム

 乳幼児の発達（0〜3歳）

　誕生から3年間くらいまでの発達は目覚しく，次の4つを順番に経て成長します。

　第1は音に対する反応が目覚しい時期。赤ちゃんは母親のお腹の中でも外界の音を耳で聞いています。生まれてからもいろいろな音を聞き分けながら自分の周りのことを認識していきます。

　第2は目でとらえる力が発達する時期。音のするほうに目を向け，しっかりと目で追えるようになっていきます。

　第3は手指の活動をうながす時期。目でとらえたものに手を伸ばして，取ろうとします。おもちゃを持って振ったり，いろいろな扱い方を試します。

　第4は口の機能が活性化する時期。アーアーと喃語(なんご)が出てから目覚しく発達し，話したり歌ったりできるようになっていきます。

　この4つの段階が，らせん階段を上るように高度になっていくと，バランスよく発達しているということです。

　また，手の動きは脳の発達と関係が深く，同時に身体全体の動きもなめらかになり，遊びのバリエーションも広がっていきます。

伸び伸びした動きを
うながす
木育おもちゃ

乳幼児期は,
基本的な運動能力を身につけます。
上手下手はあっても
調和のとれた動きが
できるようになっていきます。

13 手や腕の動きを広げます

　遊びながら子どもは物を扱う動作を学んでいきます。おもちゃは,身体と心の成長をうながします。

背中も道路になります

　車のおもちゃはどこを道路にしましょうか。

　大好きな大人の身体の上などを走らせて遊ぶうちに,子どもの身体全体の動きはなめらかになり,親子のコミュニケーションもうながされるでしょう。

おすすめ木育おもちゃ

カラコロじどうしゃ
木種：シナ，ミズキ

クルクルサンサンカー
木種：カバ

選び方

子どもが握(にぎ)りやすい大きさや適度な重み，感触のよい木種(もくしゅ)を選びましょう。

遊び方

木製の車のデザインは多種あります。

新しい発見があるように，お気に入りのいつもの場所だけでなく，時々違う場所を設定してあげましょう。

ビー球を使っている車であれば，その光具合も遊ぶ場所によって異なります。

伸び伸びした動きをうながす木育おもちゃ

14 お風呂に入っても続く赤ちゃんの遊び

お風呂でも，おもちゃはコミュニケーションの道具になります。親子の触れ合いを楽しみましょう。

　とにかく，子どもは起きている間中遊んでいたいのですから，遊びを中断されるお風呂タイムにもおもちゃを活用しましょう。

　大人も子どもと遊びながら，忙しい日常生活から開放されたリラックスタイム，スキンシップタイムとなるとよいですね。

おすすめ木育おもちゃ

お風呂で遊ぼう　カニ
木種：ジムリーナ

お風呂で遊ぼう　カメ
木種：ジムリーナ

伸び伸びした動きをうながす木育おもちゃ

選び方

お部屋で使っていたおもちゃをそのままお風呂場で使える水陸両用の木製おもちゃがあります。使う場所によって遊び方が変わり，楽しみが広がります。

遊び方

中央のタイヤを回すとゴムが巻かれ，動力になって進みます

細かい作業ができるようになってきたら，子ども自身でゴムを巻いてみましょう。

おもちゃが2つあれば，親子で競争したり，お話しながら動かしましょう。

15 よちよち歩きを楽しくするおもちゃ

歩けるようになった赤ちゃんの歩みを応援するプルトーイを選びましょう。

　歩き始めた頃は，よろよろしたり，尻もちをついたりするので，手におもちゃを持たせず，大人が動かしてあげましょう。

左右に体を揺らしながら，ユーモラスに進みます

　また，足元に不安がないよう，広く安全な環境を整えてあげることも大事です。

おすすめ木育おもちゃ

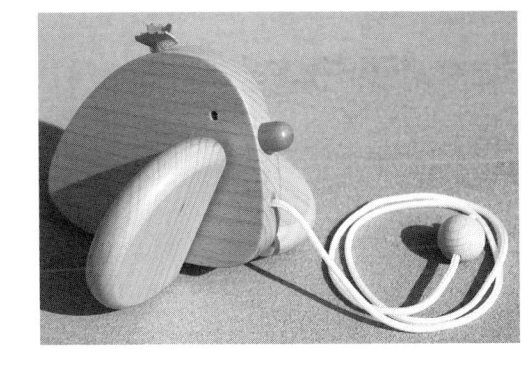

ぺたぱたひよこ
木種：ブナ

伸び伸びした動きをうながす木育おもちゃ

選び方

歩きながら引っ張るおもちゃは，少し重めのものがよいでしょう。引いた時に進みすぎてかかとにぶつかったりすると危ないです。重心が下にあり，ひっくり返りにくいものを選びましょう。

遊び方

子どもが自分で引っぱって歩ける頃には，いろいろな遊びに興味を持つようになります。

追いかけっこをしたり，ごっこ遊びに登場させたりと，子どもの成長に合わせて大人もいろいろな働きかけをしてみましょう。

16 積木遊びは崩し遊びから始まります

コルク積木は軽くて柔らかく，すべりにくいので，赤ちゃんにも扱いやすいです。積木遊びの初期におすすめです。

コルク材は軽くて丈夫であり，やさしい感触です。

コルクのおもちゃはダイナミックな遊び方で落としたり，投げたりしても，ケガをすることは少ないです。

ブナなどの木材とは異なる感触と遊びを楽しみましょう。

崩しても怒らず積んであげましょう

おすすめ木育おもちゃ

コルク積木
木種：コルク樹皮

選び方

自然素材のよさを生かしてつくられていて，なめても安全な物を選びましょう。

遊び方

赤ちゃんの頃は，「はいどうぞ」「くださいな」というような受け渡し遊びや，大人が積んだものを崩す遊びができるようになったらほめます。

自分で積むことができるようになったら，「高く積めたね」「お家ができたね」などとほめます。形を認識しながら，見立て遊びもできるでしょう。

伸び伸びした動きをうながす木育おもちゃ

17 目標に向かって投げる 手や腕のコントロール力

赤ちゃんにとって、目標に向かって物を投げるのはとても難しいことです。ボールや輪投げで遊んでコントロールする力を養いましょう。

3歳頃になると、バラバラだった諸能力を組み合わせて使う力も育ってきます。

どう投げたらよいかを考えるようになってきたら、輪投げなどをくり返し楽しみましょう。上手にできるようになっていきます。

積み上げた的は、輪が当たるとユラユラと動き、向きが変わります

おすすめ木育おもちゃ

木童（こわっぱ）
木種：ブナ，ミズキ

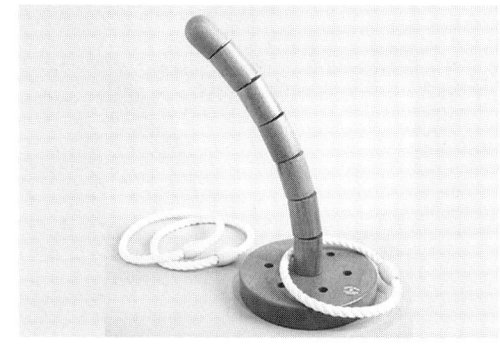

与え方

投げることが楽しくなってくると，手当たりしだいに投げて喜びます。投げてよいもの，いけないものを上手に教えながら楽しく遊びましょう。

遊び方

大人が子どもの腕に輪をかけたり，子どもが投げた輪を大人が受け止めたりしながら，自然にコントロールすることを練習していきます。輪投げの的も変化させられると楽しいです。的をばらして的の数を増やしてみましょう。

的の数を変えてみましょう

伸び伸びした動きをうながす木育おもちゃ

18 両手を交互に動かして遊ぶ昇り降りおもちゃ

子どもは遊ぶうちに、両手の動きの調和がとれるようになって、遊び方のバリエーションも増えていきます。

成長とともに利(き)き手がはっきりしてきて、両手を同じように使わないことが多くなってきます。

身体全体のバランスを保つためにも、両手で遊ぶものを体験させましょう。

交互に引っ張ることで、人形が昇っていきます

おすすめ木育おもちゃ

昇り人形
木種：ブナ

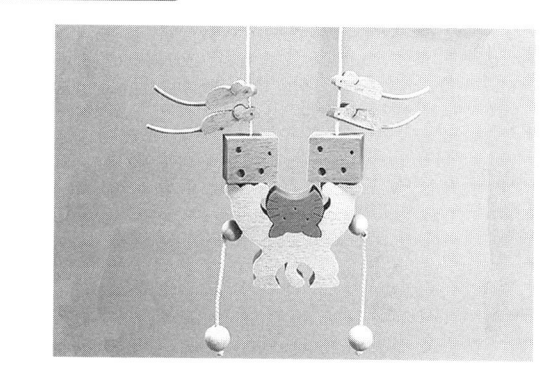

伸び伸びした動きをうながす木育おもちゃ

選び方

色や絵柄のはっきりしたものを選ぶと動きが分かりやすいでしょう。ひもは持ちやすく，昇り降りする人形がすべりやすいものがよいです。

遊び方

最初は大人がやって見せます。手をそえながら「右・左・右・左……」などとリズミカルな手の動作を楽しみましょう。

上まで上げたら，両手の力をゆるめたり，パッと手を放すことをくり返します。人形と会話しながら遊んでもよいですね。

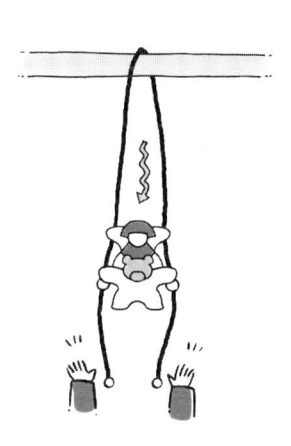

コラム

🌳 おもちゃの片付け

　おもちゃは子どもの成長とともに増えていきますが，きれいに片付けられずに大人はイライラしてしまうことがあります。

　おもちゃの片付けは何のためにするのでしょう。

　子どもが遊びたい時に，遊びたいものをすぐに選べて，すぐに使えるためです。

　何でも箱に入れて収納する必要はないですし，シンプルで美しい木のおもちゃなら，しまわずに並べて飾っておくと部屋のインテリアとしても使うことができます。

　また，子どもにとっては片付けも遊びの1つなので，子どもと一緒にダンボール箱などに紙を貼ったり，絵を描いたりして，オリジナルおもちゃ箱をつくるのも一案です。愛着がわいて，宝箱になるかもしれません。

　パーツがたくさんあるままごとセットや積木などを箱に収納する場合には，箱におもちゃの写真や名前をつけて，子どもに分かりやすく表示すると，子どもが自主的に片付けやすくなります。

手先を器用にする
木育おもちゃ

おもちゃは
いろいろな手指の動きを
誘います。
手から知る新しい世界が
知的好奇心を
さらにかきたてます。

19 何回もねらって入れる くり返し遊び

赤ちゃんは始まりと終わりが見えるくり返し遊びが大好きです。結果が決まっていると,安心します。

　赤ちゃんは,「つかむ→放す」という手の動作が意図的にできるようになると,身近にあるものを投げて楽しみます。

　さらに,穴をねらって手から放すことができれば,さらに一歩高度な遊びへ発展しているのです。

玉が穴に入ると,下から出てきます

おすすめ木育おもちゃ

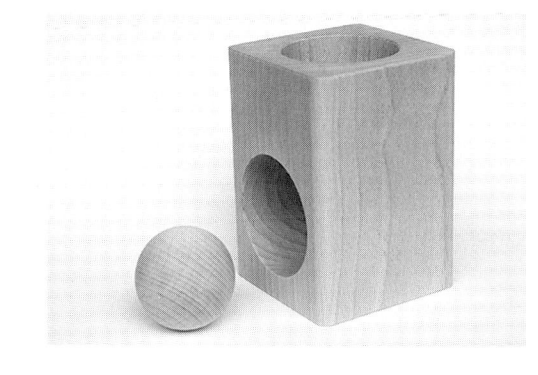

玉入れ
木種：ブナ

与え方

手指の基本動作ができるようになる時期に有効です。

穴に玉を入れると下の穴から出てくるというシンプルな動きに，集中してくり返し遊びます。

遊び方

最初は大人が見せてあげます。コットンと心地よい音とともに玉が出てくるのを見ると，赤ちゃんもまねたくなります。

穴から出てきた玉を手で受けたり，大人が転がした玉を受け取って穴に入れたり，大人とのやりとりも楽しみます。

手先を器用にする木育おもちゃ

20 道具を使う楽しさを味わいます

くい打ち遊びの特徴は,連続してくいを打つことにあります。リズム感や集中力を必要とします。

くいを打つには,ハンマーに込めた力を一点に集中することが必要です。

リズミカルな手の運動や反射神経も必要となります。

たたいた分だけ引っ込むという単純なしかけに魅了されて,くり返し遊びを楽しみます。

おすすめ木育おもちゃ

ハンマートイ
木種：アルダー，ビーチ

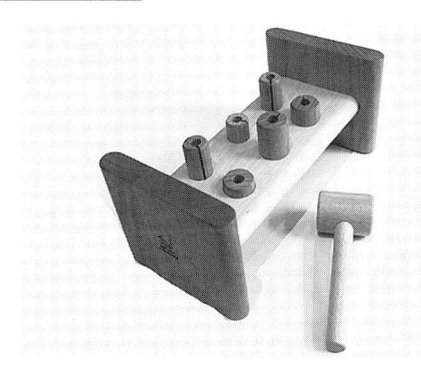

選び方

くい打ちは木製がおすすめです。

ハンマーの頭の部分に適度な重みがあるとたたきやすく，たたいた時の音が心地よいことなどが特徴です。

遊び方

打ち込むと裏にくいが出てくるので，平らになったら裏返して，再びたたいて遊びます。

ハンマーを持つと他の物をたたきたくなってしまいます。たたいてよいものとそうでないものの区別をきちんと伝えましょう。また，くいは並べたり，積んだりと他の遊びにも利用できます。

手先を器用にする木育おもちゃ

21 子どもの手になじむ木製のひも通し

指先の器用さは，毎日の生活動作や細かい作業を伴う遊びのくり返しの中で育(はぐく)まれます。

ひもを，ねらった穴の中に入れていく作業は，指先がかなり発達してきた1歳頃からできるようになります。

うまくできるようになるまで何度も挑戦する根気や，最後までやりぬく集中力が必要です。

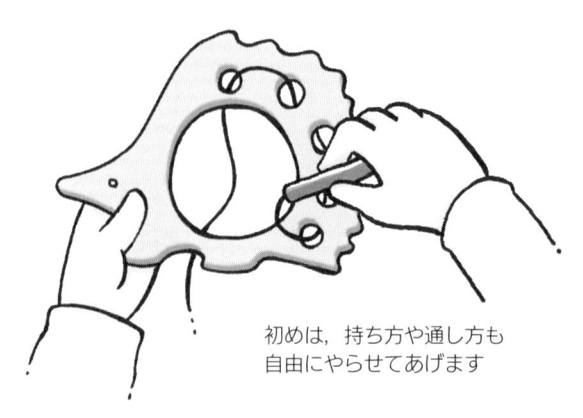

初めは，持ち方や通し方も自由にやらせてあげます

おすすめ木育おもちゃ

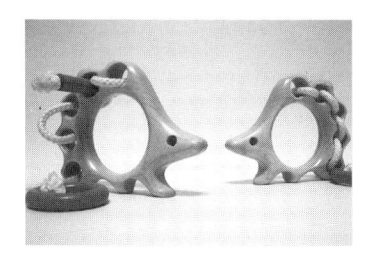

はりねずみ
木種：メープル，ラミン

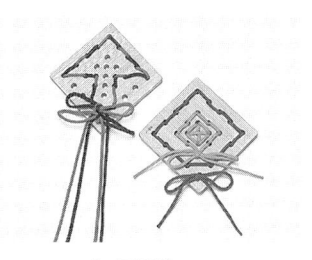

ヒモ通し
木種：セン

選び方

初めから，小さい穴に細いひもを通すことは難しいので，全体が小ぶりながら大きい穴のものを選ぶとよいでしょう。また，ひもは太めのものが持ちやすく作業しやすいです。

遊び方

実際に大人がやっているところを見せることで，子どもは実感がわきます。

初めは手をそえて一緒にひもを通しましょう。

また，できたものは次に使うまで飾ってあげましょう。

大人のまねをして，ひもを通します

手先を器用にする木育おもちゃ

22 大きさの順序を認識します

大きさの違いや連続する色の感覚を体験することは、大きさの順序や数を理解するための基礎をつくります。

初めは、大きさの順番に関係なく通しましょう

本来の遊び方は、柱に通されているリングを空いている柱へ山型の重なりになるように移すパズルですが、使い方によっては、赤ちゃんの頃から遊びに使える便利な木製リングのおもちゃです。

おすすめ木育おもちゃ

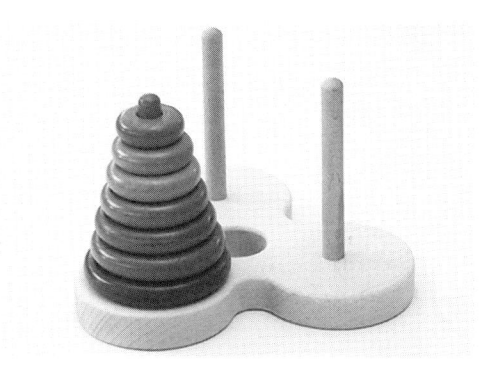

ハノイの塔
木種：ブナ

手先を器用にする木育おもちゃ

与え方

子どもの手に握(にぎ)りやすい大きさや感触のよい木種(もくしゅ)を選びましょう。柱は棒状なので顔をぶつけたりしないように置く位置に注意しましょう。

遊び方

リングを並べたり，柱に通したりできるようになったら，「小さいね，大きいね」，などと言葉をかけてあげましょう。

スムーズに通したりはずしたりできる頃には，大きさの順序を意識させながら遊びましょう。

リングは，ひもに通して遊ぶのも楽しいです。

23 指先の速(すみ)やかな動きと集中力

子どもは，生活に必要な手先の器用さを，遊びながら習得しています。楽しく自主トレーニングさせてあげましょう。

つまんで取ることはできても，はめることはかなり難しい作業です。

まずは取る遊びを楽しんでから，1本ずつはめる遊びをとり入れていきます。

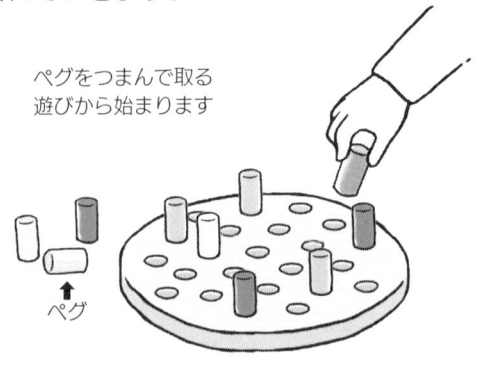

ペグをつまんで取る遊びから始まります

↑ペグ

おすすめ木育おもちゃ

棒さしゲーム
木種：ウォルナット，
ミズキ

手先を器用にする木育おもちゃ

選び方

子どもがつまみやすい太さ，長さのペグであることが大切です。ペグの本数は，少ないと簡単すぎるし，多いと飽きてしまいます。穴は適度なゆるみが必要です。

遊び方

ペグは穴にまっすぐささないと入らないので，簡単そうな遊びですが，慣れるまでに時間が必要です。焦らせずに練習させてあげましょう。

ペグを数えたり，並び方をデザインして遊びましょう。

器に入れて「何個ください」などのごっこ遊びも楽しみましょう。

24 物をやさしく扱える子に育ってほしい

力を抑えて，そっと動かすために必要な，微妙なコントロールの感覚は，物をていねいに扱うために必要です。

そっと回します

ハンドルを握って回すと人形が動いたりするからくりおもちゃは，ユーモラスで楽しいです。

動きを見つめているとお話や歌も生まれます。

おすすめ木育おもちゃ

からくりシリーズ
紳士諸君
木種：トドマツ，
　　　シナ，クルミ

与え方

1人でできるまでは，大人と一緒に遊ぶ約束をしましょう。

また，子どもが動きに変化をつけたくて，力を入れ過ぎたりすることもあるので，注意して見守りましょう。

遊び方

初めのうちは大人が話しかけながらゆっくり動かして見せます。

子どもが回す時には，大人がおもちゃを押さえてあげると安定して回せます。

手先を器用にする木育おもちゃ

コラム

中高生にも木育おもちゃ

　最近では，中学生や高校生も木のおもちゃと関わる機会があります。ボランティア活動や家庭科の課題として，保育園などを訪れて子どもたちと触れ合うことが進められているからです。

　乳幼児と触れ合いながら，木のままごとなどで遊んだりして，あらためて木のおもちゃのよさを認識するきっかけとなっています。

　また，「木育」という言葉を生み出したメンバーの1人である，煙山泰子氏（KEM工房主宰）は，自らが企画した「木育の玉手箱」を持って中学校や高校を訪れ，「木育」の体験学習を行っています。

　生徒たちは，数種類の板や木製おもちゃをさわって，木の色や重さ，香りの違いを感じたり，ルーペで断面を観察して，木のよさと遊びの楽しさを体感します。

　自然が周りにあふれている土地に暮らしていても，案外自然との触れ合いが少ない生活をしている現代において，このような活動が全国展開されることが望まれます。

言葉が生まれる木育おもちゃ

豊かな遊び体験や
おもちゃを通した
コミュニケーションは,
言葉の発達をうながします。

25 なめて遊びながら認識していく

赤ちゃんは唇や舌で，物を認識したり，言葉を発するための練習をしているようです。

赤ちゃんは歯が出てきた時以外にも，物を確かめる時，何かを訴えたい時などに，手そのものや手に持った物を口元に持っていきます。

無意識に，言葉を発するための唇や舌を動かす練習や，不安な気持ちを安定させる行動をしているのでしょう。

なめて遊ぶ時期があります

黎明書房

〒460-0002
名古屋市中区丸の内3-6-27 EBSビル
TEL.052-962-3045
FAX.052-951-9065／052-951-8886
http://www.reimei-shobo.com/
E-mail:info@reimei-shobo.com
東京連絡所／TEL.03-3268-3470

■価格は税[5%]込みで表示されています。

REIMEI SHOBO

黎明ニュース
新刊・近刊案内

2010
2-4月

No.141

● *11月・12月・1月の新刊*　　★ホームページではより詳細な新刊情報を発

カウンセラーがやさしく教える
キレない子の育て方

忽ち重版！

上級教育カウンセラー　田中和代/著　　　　四六判　114頁　定価1260円

どなる，暴力を振るう，リストカットをする，引きこもる，物やお金を大切にしない，勉強がきらい…。キレる子どもが確実に変わる，今すぐできる親の対応の仕方をマンガで解説

教師のための時間術

忽ち3刷！

長瀬拓也/著　　　　　　　四六判　128頁　定価1470円

毎日仕事に追われ，学級経営や授業に悩む先生方必読！　時間の有効活用法をあみだし，仕事に追われる日々から自らを解放した著者の時間術を全面公開。読者の声：「なるほど」と思うものばかりで早速実践してみようと思う。（小学校教員）

幼稚園・保育園の学びシリーズ②
あそんで学ぶ文字・言葉

グループこんぺいと/著　　　　　Ａ５判　93頁　定価1575円

「言葉っておもしろい」「文字を書いてみたい」と，子どもたちが自然に興味をもち，楽しみながら文字や言葉をどんどん吸収していく保育のアイディアを，イラスト満載で37種紹介

黎明ポケットシリーズ③
魔法の体育指導法60——とび箱・なわとび・
鉄棒・マット・ボール・平均台・集団あそび

斎藤道雄/著　　　　　　　Ｂ６判　95頁　定価1260円

「逆上がりの補助のし方」など，子どもたちが無理なく運動できるようになる指導のポイントをわかりやすく紹介。

● 2月・3月・4月の新刊

諸般の事情により,刊行が遅れる場合がございますので,ご了承下さい。

教師のための携帯ブックス⑥
思いっきり笑える爆笑クラスの作り方12ヵ月
　　　　中村健一/編著　Ｂ６判　94頁　定価1260円　2／初刊
学級開きやお楽しみ会など,「お笑い」の要素をふんだんに取り入れた行事で１年中クラスを盛り上げよう。教室が爆笑で包まれ,クラスに一体感が生まれるすごいネタばかり紹介。

恥ずかしくて聞けない道徳指導50の疑問
　　　　小川信夫/著　Ａ５判　124頁　定価1785円　2／初刊
平成20年指導要領改訂の核である道徳教育の強化に応える全教師必携の書。「道徳の時間を要として指導を行うとは」「道徳教育推進教師の主たる役割とは」など50の疑問に答える。

自閉症スペクトラムの子どものソーシャルスキルを育てるゲームと遊び
－先生と保護者のためのガイドブック
ノイチェル・バレケット/著　上田勢子/訳　Ｂ５判　104頁　定価2310円　2／下刊
自閉症スペクトラムの子どもに,うまく人とコミュニケーションをしたり,友だちを作ったりするために必要な社会的なスキルを育てるゲームや遊びを紹介。

からだ・健康壁面クイズでちょこっと保健指導12ヵ月
－すぐできるカラー型紙CD・ROM付き
　　　　　　久住加代子/著　Ｂ５判　64頁　定価2310円　2／下刊
からだと健康の保健指導に役立つ壁面クイズがきれいに作れます。

0～3歳 木育おもちゃで安心子育て
　東京おもちゃ美術館館長 多田千尋/著　Ｂ６判　94頁　定価1260円　3／中刊

3～5歳 木育おもちゃで安心子育て
　東京おもちゃ美術館館長 多田千尋/著　Ｂ６判　94頁　定価1260円　3／下刊

"疑問"に即座に答える算数・数学学習小事(辞)典
　　　　　　仲田紀夫/著　Ａ５判　144頁　定価1890円　3／下刊
詳細かつ具体的な索引で知りたいことがすぐ分かる読んで楽しい事（辞）典。

お母さんのための子どもを動かす魔法の言葉＆ゲーム (仮)
　　　　　　斎藤道雄/著　Ｂ６判　94頁　予価1260円　4／中刊

読者のおたより▶とても読みやすい内容で業務の参考となる内容が多かったです。…
言葉を思い出したらのりきれそうだなと思いました。(地方公務員・女性)『Dr・歯科医師

2009年出版案内(新刊51点)

〈新学習指導要領の実践展開〉②障害児の職業教育と作業学習
　　　　　新井英靖・茨城大学教育学部附属特別支援学校編著　A5　2100円
子ども・保護者・地域を変える多文化共生の学校を創る
－「理想は高く,現実に絶望しない」教師集団の実践
　　　　　加藤幸次監修　愛知県東浦町立石浜西小学校編著　A5　2310円
平成20年学習指導要領対応生活科の理論　高浦勝義・佐々井利夫著　A5　1995円
平成20年学習指導要領対応生活科の授業づくりと評価
　　　　　高浦勝義・佐々井利夫著　A5　1890円
Dr・歯科医師・Ns・ST・PT・OT・PHN・管理栄養士みんなで考えた
高齢者の楽しい摂食・嚥下リハビリ&レク
　　　　　藤島一郎監修　青木智恵子著　B5　2415円
学びの拡充をめざす異学年合同学習－個の伸長を促すシャトル学習の実践
　　　　　松村暢隆監修　香川大学教育学部附属坂出中学校編著　B5　2625円
道徳の授業が100倍面白くなる道徳朗読劇の指導　　小川信夫著　A5　2100円
校長の品格　　　　　　　　　　　　　　　　　豊田ひさき著　四六　1785円
スポーツ学の冒険－スポーツを読み解く「知」とは
　　　　　船井廣則・松本芳明・三井悦子・竹谷和之編著　A5　2100円
食べ物壁面クイズでちょこっと保健指導12ヵ月－すぐできるカラー型紙CD-ROM付
　　　　　久住加代子著　B5　2310円
教師の実践する力をきたえる－「顔つきとことば」の仕掛けとワザをみがく
　　　　　　　　　　　　　　　　　　　　　　前田勝洋著　A5　2100円
授業のながれがすぐわかる小学校低学年の図工指導
　　　　　芸術教育研究所監修　横山裕著　B5　2415円
〈新版　ニイル選集／全5巻〉A.S.ニイル著　堀真一郎訳　A5
①問題の子ども　2520円　②問題の親　　2730円
③恐るべき学校　2730円　④問題の教師　2520円
⑤自由な子ども　2940円
〈イラスト版 アクティビティ ディレクター入門シリーズ〉③高齢者の寄りそい介護 考え方・進め
　　　　　高齢者アクティビティ開発センター監修　綿祐二著　B5　2100円

おすすめ木育おもちゃ

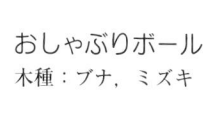

おしゃぶりボール
木種：ブナ，ミズキ

選び方

赤ちゃんがなめても安心な材質であり，安全な塗料，塗装方法であることが一番重要です。もちろん，握りやすい大きさや壊れにくいものであることも不可欠です。

遊び方

表面をなめるだけでなく，口に入れて舌でてあそんだり，かみかみしたり，口や舌の動きは活発です。

握って振ったり，じっとおもちゃを見つめるようになったら，目の前でお人形遊び，お話遊びをしてあげましょう。

言葉が生まれる木育おもちゃ

26 リズミカルな言葉をかけましょう

言葉を理解し始めてきた赤ちゃんは，話しかけてくるものに好奇心を持ちます。

　赤ちゃんに語りかける時，大人が直接語りかけるのではなく，おもちゃが語りかけるというような趣向も楽しみましょう。

　大人がいろいろな場面で働きかけをすると，おもちゃは赤ちゃんのよいお友達になるでしょう。

赤ちゃんが見やすい，ゆっくりした動きで見せます

おすすめ木育おもちゃ

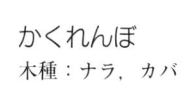

かくれんぼ
木種：ナラ，カバ

選び方

仕掛けや装飾の過剰なものは避けましょう。形がシンプルなものは想像力を豊かにし，どんな場面でも使えます。

遊び方

初めのうちは大人が赤ちゃんに話しかけながら，指でゆっくり出したり引っ込めたりします。

「こんにちは」「おやすみなさい」とあいさつしたり，夜寝る時にその日あったことを話しながら，最後に「おやすみなさい」と言って引っ込め，一緒に寝かせたりしてみましょう。

指で押し上げる

言葉が生まれる木育おもちゃ

27 やりとりが楽しい電話ごっこ

電話は子どもにとってもコミュニケーションツールです。聞くという受け身の段階から,会話する楽しさへ導きましょう。

子どもは大人の行動をよく見ています。目覚しい速さで大人の話を理解できるようになり,会話をまねるようになります。

子どもは,きちんと発音できなくても,おしゃべりを楽しみます

大人はゆっくり,聞き取りやすい言葉で話しましょう。

おすすめ木育おもちゃ

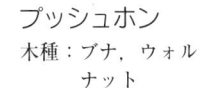

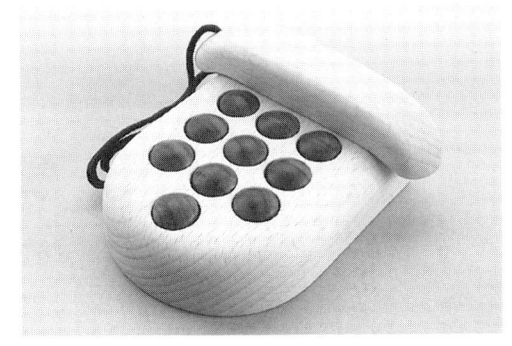

プッシュホン
木種：ブナ，ウォルナット

選び方

指でボタンを押し，耳に受話器を当てるため，素材は重要です。ボタンは押すとへこむなど，適度なリアクションがあり，さわり心地のよい素材の電話おもちゃであると，子どもも満足できます。

遊び方

まずは，大人が電話を使って話しかけます。

大人とのやりとりや1人遊びを楽しんだ後に，少しずつ，友達と一緒に遊ぶ機会をつくってあげましょう。

言葉が生まれる木育おもちゃ

28 オルゴールは大人と一緒に聞きましょう

美しい音を奏(かな)でながら動くオルゴールは、見ていてワクワクする、不思議な魅力を持っています。

大人が操作しないとうまく鳴らないものもあります。

子どもがやたらとさわってはいけないおもちゃがあることを知り、物を大切に扱わなければいけないことや、いとおしむ心を育(はぐく)みましょう。

進ませると鳴ります

おすすめ木育おもちゃ

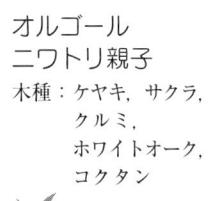

**オルゴール
ニワトリ親子**
木種：ケヤキ，サクラ，
　　　クルミ，
　　　ホワイトオーク，
　　　コクタン

選び方

　オルゴールは，ネジ巻きなど大人が扱わなければならないものと，子どもでも動かしやすいものがあるため，音楽の好みに合わせて選ぶだけではなく，用途に合わせて選ぶようにしましょう。

遊び方

　本体の動きと連動して鳴るオルゴールは，鳴り方を発見できるおもしろさがあります。

　音楽に合わせて歌を歌っているつもりで遊んだりします。

　言葉はこのような楽しさから豊かになってきます。

言葉が生まれる木育おもちゃ

29 言葉で表せなくても，お話が広がっていきます

自分なりの物語の世界で楽しむ1人遊びは，誰かと楽しむごっこ遊びへ引き継がれます。

　見ているだけから，自分で触れ，動かして確かめるように，変化していきます。

　何でも知りたがる頃には，言葉も単語から文章になり，やがて物語を紡ぎます。

自分の手で動かしながらお話します

おすすめ木育おもちゃ

ゆかいなシーソー
木種：カエデ，トチ，ケヤキ，サクラ，ナラ，ミズメザクラ，クリ

選び方

口に入れてもよい材質を選びましょう。あまり小さいとつかんでシーソーに置くことが難しいでしょう。

遊び方

動物の人形を使って，お話をしながらごっこ遊びをしましょう。人形に自分の気持ちを託(たく)して遊ぶことができます。

また，シーソーになっているので，人形を移動させて「どっちが重いかな」と注目させると，重さと大きさの関係などを知ることができます。

他の積木などと合わせて使ってもよいでしょう。

言葉が生まれる木育おもちゃ

コラム
おもちゃによく使われている木材の特徴

ナラ ナラ材と呼ばれているものは，主にドングリがなるミズナラです。特徴は虎斑と呼ばれる灰褐色の点線のような模様で，黄色味が強い黄土色が多いことです。硬いので傷などの心配も少ないです。

ブナ（ビーチ） ねじれなどが少なく弾力性に優れた木材です。木目も美しく，適度な重さと強度を兼ね備えています。無味無臭，スベスベした木肌・感触が人の肌に近いと言われています。

ニレ（ケヤキ） 日本では，重要な広葉樹材の1つです。大きな木材は寺社，建築用としては装飾的な部材に使われます。美しい木目は人気が高く，家具，太鼓の胴，彫刻，器などにも用いられています。

ミズキ 古くから，ろくろ細工用材，印材，漆器木地，寄木細工，象嵌，丸物（椀類）木地などに使われています。

サクラ 材質は硬く，肌目は緻密なサクラ材の代表としてオオヤマザクラがあります。オオヤマザクラは高価なものですが，長く使えるおもちゃをつくる時に使われています。

ごっこ遊びで世界を広げる木育おもちゃ

子どもは
誰かのまねをしながら，
いろいろな遊びを覚えていき，
自分の周りの世界も
知っていきます。

30 揺れる感覚はいつまでも変わらない子どもの楽しみ

赤ちゃんはユラユラ揺れるのが好きです。お母さんに抱っこされる心地よさとは違う感覚を味わいます。

初めはゆっくり揺らしましょう

ユラユラと揺れる心地よさには，忘れられないおもしろさがあります。

揺れる遊具では不安定な態勢になります。身体を緊張させ，バランスをとる必要があります。

小さい頃から積極的に体験させたい運動遊びです。

おすすめ木育おもちゃ

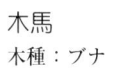

木馬
木種：ブナ

与え方

赤ちゃんは月齢が低いほど頭が重く，バランスがなかなかとれません。自分で遊べるようになったと思っても，必ず大人がついてあげましょう。

遊び方

初めて乗ると驚いて嫌(いや)がることがありますから，まず馬の動きを見せてあげましょう。

乗せる時には，必ず握(にぎ)りの部分をしっかり握らせ，大人がついて揺らしてあげましょう。

少し大きくなったら，ぬいぐるみを乗せてユラユラさせたり，ひもをつけてお散歩遊びをしてもよいでしょう。

ごっこ遊びで世界を広げる木育おもちゃ

31 乗る楽しさは格別です

脚力がついてくると，押しながら歩いたり，乗って床を蹴って進んだりと活発に動き回るようになります。

汽笛がついている汽車では，乗ったり押したりするたびに音が鳴るので，動かすだけでなく音も楽しみながら遊べます。

ぶつかっても，部屋中を進みます

慣れてくると障害物を避けたり，バックしたりとだんだんと状況に対応できるようになっていきます。

おすすめ木育おもちゃ

森の汽車ポッポ
木種：セン，ブナ

与え方

乗り初めの頃は，広い場所を片付けて遊びましょう。他の物を踏んでしまったりすると，バランスが崩れて転倒する恐れもあります。大人がついて遊ぶようにしましょう。

遊び方

子どもが自分で乗れるようになったら，自分の足で蹴って進みます。

また，2歳くらいになったら，お友達と順番に交代できるとよいですね。

32 ハイハイを誘い，ごっこ遊びにも使える木の車

身体の機動性が増してくるにしたがって，視野が広がります。手を伸ばしてさわりたいという欲求が高まります。

　車のおもちゃは，ハイハイの時，おすわりの時，立って歩くようになった時と，そのつど新鮮な喜びと楽しみを与えてくれます。

　そして，一緒に遊んでくれる年上の子どもがいるとさらに遊びが広がります。

「ぼくも乗せてよ」

おすすめ木育おもちゃ

のせっこバス 人形
木種：ブナ

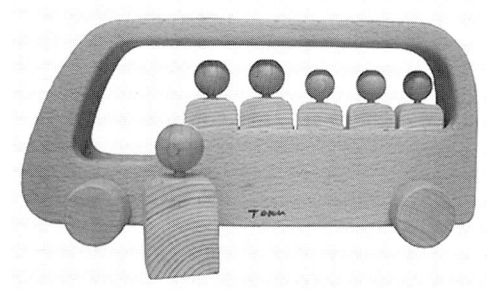

選び方

つかみやすく，動かしやすい大きさのものを選びましょう。乗客となる人形がシンプルなデザインであると，人物設定しやすいです。

与え方

じっと車を見つめたり，手を伸ばしてつかもうとするようになったら，車を走らせてあげましょう。赤ちゃんはその動きに誘われて行動範囲を広げます。

車のおもちゃはなぜか男の子が大好きです。タイヤの動きに注目して，ながめたりします。

ごっこ遊びで世界を広げる木育おもちゃ

33 絵本や大人をまねて，物語を楽しむ組木パズル

大人が動物パーツを動かして語る物語を楽しんだ後に，自分でも演じてみようとします。

　絵本を題材としたパズルは，言葉への興味を引き出す刺激剤となります。絵本を読み聞かせた後に遊んでみましょう。

　赤ちゃんは物の名前や会話の一部を覚えたり，大人が演じた動きをまねて遊びます。大人には聞き取れない言葉でも自由にお話させてあげましょう。

おすすめ木育おもちゃ

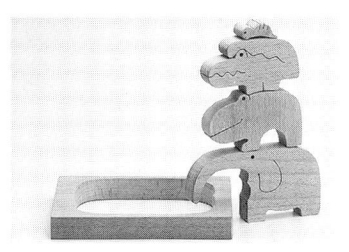

おはなし組木シリーズ
「おはなし組木 ぞうくんのさんぽ」
木種：ビーチ

『ぞうくんのさんぽ』
なかのひろたか 作・絵
なかのまさたか レタリング
福音館書店

与え方

　初めに，動物パーツを見せながら動物の名前を教えたり，鳴き声や動きを言葉で表します。

　絵本を読みながら登場させてもよいでしょう。

　静かな語り口でお話すると赤ちゃんも集中します。

遊び方

　パーツを並べたり，積み上げたり，お話ごっこをしたりしながら，いろいろな遊び方で楽しみましょう。

　パズルを型にはめることができるようになるには時間がかかるかもしれませんが，焦らず見守ってあげてください。

34 音に誘われて くり返し遊び

大人のすることを見て，自分で試し，工夫して，遊びながら物を扱う動作を学んでいきます。

大人が遊びの手本を見せて，子どものあふれる興味をさらに高めてあげましょう。

玉は穴を通って，階段状に落ちていきます

1つできるようになって満足すると，自然に高いレベルの遊びに発展させていきます。いろいろな組み方を考えながら，行動の流れ・順序を学んでいきます。

おすすめ木育おもちゃ

トンネルキューブ
木種：ブナ

与え方

遊びの対象は3歳以上ですが，赤ちゃんでも楽しめます。大人がついていて見せてあげると，出てくる玉の動きに興味を示すでしょう。大人がついていることで，玉を口に運んでしまう心配も防げます。

遊び方

穴の開いた積木を組み合わせてトンネルのように玉が通る道をつくり，玉を落とす遊びです。

赤ちゃんの頃は，積木同士をたたいて音を出したりして遊びます。

積木が数個積めるようになったら，低い高さから組むところを見せてあげましょう。

日本の木のおもちゃ作家たち

北海道から九州までの多県にわたり，日本の木を主に使っておもちゃをつくっているメーカー，デザイナー，職人が多数います。この本に掲載したおもちゃのつくり手を紹介します。つくり手が使用する木種についてのメッセージも一部紹介しています。本文も合わせてご覧ください。

北陸・中部・東海

銀河工房　小林 茂
長野県上田市
動物ドラム P19
お風呂で遊ぼう　カニ，カメ P39
ハノイの塔 P57

ナルカリクラフト ナルカリ
長野県木曽郡木祖村
おしゃぶりボール P65

ブナは白く，ツルッとしていて清潔感のある木です。

でこぼこ工房　森島 孝
静岡県浜松市
おはなし組木シリーズ「おはなし組木ぞうくんのさんぽ」P83

平和工業㈱
愛知県名古屋市
カタコト P29
メロディーカー P31
森の汽車ポッポ P79

近畿

㈲遊プラン　小黒 三郎
兵庫県西宮市
昇り人形 P47

Let Wood Be 中山 カズト
京都府京都市
おにぎリンリン P17
くまゴロン P27
よっこらゾウ P27

Mtoys アトリエ　松島 洋一
京都府宇治市
トンネルキューブ P85

ブナは，適度な堅さとねばりがあり，たたいたりする衝撃に強いです。

中国・四国

チェシャーズ・ファクトリー　若林 孝典
岡山県美作市
カタツムリのオルゴール P15
プッシュホン P69

なかよしライブラリー　濱田 正志
高知県南国市
ゆかいなシーソー P73

木遊舎
愛媛県伊予市
芽ばえシリーズ がらがら Usagi(ウサギ) P9
芽ばえシリーズ がらがら Tama(タマ) P9
のせっこバス　人形 P81

九州・沖縄

木のおもちゃ 飛鳥工房
佐賀県佐賀市諸富町
き・の・こ P17
くるりん P19
ハンマートイ P53

北海道

三浦木地 三浦 忠司
北海道旭川市
かくれんぼ P67

KEM 煙山 泰子
北海道札幌市
クルミ・コロコロ P13
イナイ・イナイ・バア P23
イヤイヤ P23
ヒモ通し P55

煙山泰子がデザイン監修し、津別町木材工芸協同組合が北海道産のニレ、ミズキなどで製造。

加賀谷木材㈱
北海道網走郡津別町
からくりシリーズ
紳士諸君 P61

北海道産の白くて加工しやすいトドマツを主材料に使用。

スタジオノート
北海道空知郡 南富良野町
クルクルサンサンカー P37

カバは、北海道産の木であること、堅くて重厚感があり、手に持った時の質感と感覚が好きです。

合同会社 わらはんど 赤石 弘幸
青森県弘前市
のびるんちぢむん1
のびるんちぢむん2 P33

タイヤのおもちゃは、重くなければ慣性で動き続けることはできません。ヤマザクラ使用。

東北

関東

木工房きかん舎 山崎 正俊
山梨県南巨摩郡増穂町
オルゴール ニワトリ親子 P71

おもちゃの こま〜む 小松 和人
埼玉県川口市
どんぐりころころ, 坂 P25

無垢工房 野出 正和
埼玉県飯能市
カラコロじどうしゃ P37

赤い鳥 山中 俊男
東京都八王子市
玉入れ P51

ブナの色や質感は人肌に近く、重さも適度です。色味が必要な時にはウォルナットやミズキなども使用。

㈲木 中井 秀樹
東京都新宿区
べたばたひよこ P41
木童(こわっぱ) P45

自由学園工芸研究所
東京都豊島区
コルク積木 P43

木とり舎 木下 直樹
東京都武蔵野市
木馬 P77

たちつて☆トイ
神奈川県横浜市
はりねずみ P55

ハードメープルは堅くてなめらかな指ざわりで、木目もよいです。

木の國屋 塚田堂鬼
神奈川県小田原市
ぴっころぼっころ P11
あとる P11

クラフトえいと 露木 孝作
神奈川県小田原市
棒さしゲーム P59

ここで紹介したおもちゃは，東京おもちゃ美術館併設の Toy Gallery Apty 四谷やネット，玩具店などで購入できます。
TEL 03-5367-9603 FAX 03-5367-9604 http://www.toy-art.co.jp/apty/

木育推進の動き

木育ファミリー ——北海道で生まれた「木育」推進活動

「木育」は,2004年度に北海道と道民の協動による「木育推進プロジェクトチーム」において検討がかさねられ,2005年3月に生まれました。その後,そのメンバーが中心となって民間活動組織「木育ファミリー」を発足させて,木育をすすめる取り組みを行っています。(代表:煙山泰子・KEM工房主宰,木工デザイナー)

森の"聞き書き甲子園"

2002年,林野庁と文部科学省の主催で始まった「森の"聞き書き甲子園"」は,日本全国から選ばれた100人の高校生が「森の名手・名人」を訪ね,知恵や技術,人生そのものを「聞き書き」し,記録する活動です。

「森の名手・名人」とは,きこり,造林手,炭焼き,船大工,木地師など,森林に関わる分野でさまざまな経験や優れた技術を先人達から引き継いでいる人のことです。

木づかい運動 ——京都議定書の目標達成に向けた国産材利用拡大のための国民運動

日本の木材自給率は2割と低い水準です。国産材が利用さ

れないことから，手入れの行き届かない森林が増え，荒廃が進んでいます。

このような状況を踏まえて，林野庁は2005年度から「木づかい運動」の取り組みを開始しました。国産材の積極的な利用を通じて山村を活性化し，CO_2（二酸化炭素）をたっぷり吸収する元気な森林づくりを進めています。

サンキューグリーンスタイルマーク

※㈶日本木材総合情報センターが登録管理

木育推進体制整備総合委員会

NPO法人活木活木森ネットワークは，学識経験者やNPO等からなる，「木育」の具体的なプログラムや教材の検討・開発を行う「木育推進体制整備総合委員会」〈座長＝山下晃功（日本産業技術教育学会副会長，島根大学教育学部教授）〉を運営し，「木育」の指導者の養成や体験プログラム，各種教材の作成等の企画検討を進めています。

木育インストラクター研修会

小中学生を対象に「木育」の普及・啓発活動を行う指導者を養成する研修会を開催しています。森林・林業，木材，木でものをつくること，環境等の教育の意義・効果等を理解し，「木育」活動を実践するために必要な知識やスキルを学びます。

木育研究者である，山下晃功氏（島根大学教育学部教授），

浅田茂裕氏（埼玉大学教育学部教授），井上淳治氏（木まま工房，木楽里主宰）等が指導しています。
運営：NPO法人活木活木森ネットワーク

✔ **木育.JP** ―木材のよさやその利用の意義を学ぶ

「木育」の意味や必要性，木育の進め方を説明するなど，木育活動に便利な支援ツールのダウンロードサービスも充実。木工体験ができる施設の紹介もあります。
運営：NPO法人活木活木森ネットワーク

✔ **木づかい.com** ―国産材使って減らそうCO_2

一般のかた向けに製品情報からイベント情報など，さまざまな木づかいトピックを提供している木育サイトです。
運営：NPO法人活木活木森ネットワーク

✔ **岐阜県立森林文化アカデミー**

岐阜県は豊かな森林資源に恵まれ，優れた「ものづくり(匠)」と「木造建築」の伝統があります。自然の循環と一体になった持続可能な社会を築くため，自由で実践的な高等教育の拠点として，2001年に岐阜県立森林文化アカデミー（専修学校）が設立されました。地域の森林の活性化や木の文化の再興に情熱を抱く多世代のかたが全国から集まって学び合っています。

木育推進施設

東京おもちゃ美術館 ―全国の木育おもちゃで遊べる

木種(もくしゅ)の違いを観察したり、木工作の体験等ができる木育推進施設は全国にたくさんありますが、東京おもちゃ美術館は、日本の木でつくられたおもちゃが全国から集まっていて、遊ぶことができます。

「おもちゃのもり」の部屋には、厚さ3㎝の九州山地のヒノキ材が敷き詰められ、2万個の木の玉でいっぱいの「木の砂場」があります。寝転がって、森林浴はいかがでしょう。

また、おもちゃとの出合いや遊びを支援するおもちゃ学芸員とのコミュニケーションや手づくり体験も楽しめます。

運営するNPO法人日本グッド・トイ委員会は、長年"よいおもちゃ"について真剣に考え、日本や世界のグッド・トイを選考＆紹介する活動を展開するとともに、おもちゃコンサルタントやおもちゃ学芸員等の人材育成にも力を入れています。

東京おもちゃ美術館
「おもちゃのもり」

❱ グッド・トイ キャラバン　—木育おもちゃの遊び場を届ける

　今こそ，自由自在に遊ぶ力と想像力を再び子どもたち・大人たちに。そのような思いを抱く人が住まう地域こそが，グッド・トイ キャラバンの行く先です。赤いキャラバンボックスに，木育おもちゃと遊びのヒントをぎっしりと詰め込んで，日本全国へ木育おもちゃの遊び場とライブステージを運びます。

　開催希望地と東京おもちゃ美術館が協働で，市民性創造につながるイベントをつくっていきます。

キャラバンボックス

- ●木のおもちゃが大集合！　触れて遊んで木育体感
- ●見る，聞く，参加する，遊びのライブステージ
- ●いつもの会場がグッド・トイ キャラバンの世界に
- ●設営から撤去まで「まるごと楽しもう」が合言葉

ꕤ Toy Gallery Apty 四谷(in東京おもちゃ美術館)

　日本の木で製作しているおもちゃ作家を応援し，北海道から九州までの木育おもちゃの普及に務めています。子どもの発達に合わせたおもちゃ選びや遊び方などを気軽に相談できるおもちゃコンサルタントが常にいますので，お声をかけてください。

※この本で紹介している木育おもちゃも扱っています。

Toy Gallery Apty 四谷

　ここで紹介した以外にも，たくさんの団体や企業，個人などが活動しています。

　それらの活動が広がり，さらに多くのかたがたが「木育」を通して，日本の自然環境や生活を見直し，世界・地球規模で，ものごとを考えられるようになっていくことを願っています。

著者紹介

●多田千尋　（東京おもちゃ美術館館長）

　東京・新宿に開設した『東京おもちゃ美術館』（収蔵数100ヵ国15万点）は，おもちゃを使った「木育」推進活動が評価され林野庁長官より感謝状を受ける。また，日本のおもちゃ職人100人の玩具を集めたギャラリーショップ「Apty」や移動おもちゃ美術館「グッド・トイ キャラバン」は「木育」を推進する全国の幼児教育・子育て関係者から強い関心を集めている。

　芸術教育研究所所長，高齢者アクティビティ開発センター代表，早稲田大学講師などを務める傍ら，全国に，「おもちゃインストラクター」を10000人，「おもちゃコンサルタント」を4000人養成。さらに，シニアのアクティビティケアを通した「高齢者玩具100選」を作り上げるなど，広く多世代に亘ったおもちゃ文化の形成に努める。『遊びが育てる世代間交流』（黎明書房）など著書多数。

＊イラスト：武田亜樹
＊企画：菊池貴美江（芸術教育研究所）
＊協力：加藤貴彦・山田喜美江（芸術教育研究所）

お問い合わせ先は…
東京おもちゃ美術館　〒160-0004　東京都新宿区四谷4-20　四谷ひろば内
☎　03(5367)9601　　　URL　http://www13.plala.or.jp/ttm/

0～3歳　木育おもちゃで安心子育て

2010年3月25日　初版発行

著　者	多　田　千　尋
発行者	武　馬　久仁裕
印　刷	藤原印刷株式会社
製　本	協栄製本工業株式会社

発　行　所　　株式会社　黎明書房

〒460-0002　名古屋市中区丸の内3-6-27　EBSビル　☎052-962-3045
　　　　　　振替・00880-1-59001　FAX052-951-9065
〒101-0051　東京連絡所・千代田区神田神保町1-32-2　南部ビル302号
　　　　　　　　　　　　　　　　　　　　　　　　　　☎03-3268-3470

落丁・乱丁本はお取替します。　　　　　　　　ISBN978-4-654-06089-4
Ⓒ ART EDUCATION INSTITUTE 2010, Printed in Japan